I0751783

8° Y th
13876

1re Edition.

Petit Faust

LE PETIT
FAUST

OPÉRA BOUFFE

Représenté pour la première fois, à Paris, sur le théâtre des FOLIES-DRAMATIQUES, le 23 avril 1869.

2168. — Paris. — Typographie Morris Père et Fils, rue Amelot, 64.

LE PETIT
FAUST

OPÉRA BOUFFE EN TROIS ACTES,
EN QUATRE TABLEAUX

PAR

HECTOR CRÉMIEUX & ADOLPHE JAIME

MUSIQUE DE

HERVÉ

Décors de M. ZARA — Costumes dessinés par M. DRANER

PARIS

MICHEL LÉVY FRÈRES, ÉDITEURS
RUE VIVIENNE, 2 BIS, ET BOULEVARD DES ITALIENS, 1
A LA LIBRAIRIE NOUVELLE

1869

PERSONNAGES

FAUST	MM. HERVÉ.
VALENTIN	MILHER.
UN COCHER	VAVASSEUR.
UN PION	JEAULT.
UN ANGLO-SAXON	MARIUS.
MÉPHISTO	Mmes VAN-GHELL.
MARGUERITE	BLANCHE D'ANTIGNY.
LISETTE	LATOUR.
AGLAÉ	BLANCHE BURY.
CLORINDE	GOUVION.
FROSCH	DUPUIS.
CHARLOTTE	HENRIETTE.
LISCHEN	BRACHE.
DOROTHÉE	GEORGINE.
AGNÈS	FRÉDÉRIQUE.
SIEBEL	GAUTHIER.
FRANTZ	JENNY.
FRITZ	CAMILLE.
WAGNER	CORALIE.
ALTMAYER	CLÉMENTINE.
BRANDER	DELILLE.

SOLDATS, ÉTUDIANTS, VIEILLARDS, ANGLO-SAXONS, RUSSES, DIABLES ET DIABLESSES.

Pour la musique et pour la mise en scène détaillée, par M. H. Lefebvre, régisseur général du théâtre des *Folies-Dramatiques*, s'adresser *au Ménestrel*, rue Vivienne, 2 *bis*, Paris.

LE PETIT FAUST

ACTE PREMIER

L'École du docteur Faust.

Une école des deux sexes. A droite, côté des Filles. A gauche, côté des Garçons. Au fond, un grand pupitre élevé sur trois marches. On voit courir çà et là les Jeunes Filles et les Garçons, les uns jouent à saute-mouton, les autres chantent en se tenant par la main.

SCÈNE PREMIÈRE

LISETTE, AGLAÉ, CLORINDE, etc.; SIEBEL, FRANZ, ALTMAYER, etc.; LES GARÇONS, LES JEUNES FILLES, (*Les Jeunes Filles tournant en rond sur l'avant-scène et les Jeunes Garçons jouant à saute-mouton, dans le fond.*)

ENSEMBLE.

Saute! saute! coup' ta tête!
Ou je vais t'la raboter.
Saute! saut', gare au plus bête!
C'est sur lui qu'on va sauter. } *Bis.*

LISETTE, *conduisant la ronde.*

Nous étions trois jeun's femmes
Qu'aimaient à s'amuser,
Et nous nous en allâmes
A la fête danser,
A la fête, mesdames,
Ah! qu'il fait bon danser!

ENSEMBLE.

Saute! saute! coup' ta tête!
Ou je vais t' la raboter,
Saute! saut'! gare au plus bête!
C'est sur lui qu'on va sauter! } *Bis.*

CLORINDE.

Au bal nous rencontrâmes
Un bien joli berger.
La plus bell' des trois dames,
Il voulut l'embrasser.
A la fête, mesdames,
Ah! qu'il fait bon danser!

ENSEMBLE.

Saute! saute! etc., etc.

(*Le Pion qui les surveille s'élance vers le groupe et ramène Lisette par l'oreille. Toute la classe le suit en criant.*)

TOUTES.

A bas le pion!

LE PION.

La première qui crie à bas le pion... je lui flanque une mornifle.

LISETTE.

Je le dirai à maman.

LE PION.

Qu'est-ce que vous chantiez là, mademoiselle?

LISETTE.

Je chantais une chanson que mon cousin l'officier m'a apprise donc.

LE PION.

Y a-t-il un troisième couplet?

LISETTE.

Oui, m'sieu!

LE PION.

Dites-le-moi.

LISETTE.

La plus bell' des trois dames,
Il voulut l'embrasser.
Toutes trois nous criâmes,
Afin d' l'en empêcher.
Le berger plein de flammes
La laissa s'échapper!

(*Le Pion fait le geste de lui donner une claque, les Jeunes Filles saisissent ses mains et le font tourner en rond.*)

SCÈNE II

Les Mêmes, FAUST, ***à soixante-quinze ans.***
(Il est suivi d'un second Pion qui porte un grand mannequin enveloppé dans une serge.)

LE PREMIER PION.

Le docteur Faust.

FAUST, *entrant.*

Que vois-je! mon premier pion dansant avec mes élèves!

LE PION.

C'est malgré moi, elles m'ont forcé.

FAUST.

Grand dadais! A genoux, mesdemoiselles! à genoux, messieurs!

I

Et pour me braver quel moment
Choisis-tu, jeunesse ennemie?
Celui même où je viens, gaîment
Te faire un cours d'anatomie!

(*Parlé.*) Je leur apprends un peu de tout.

J'avais rêvé d'ouvrir vos yeux
A ce spectacle curieux.....
Votre ingratitude me navre.
Que l'on remporte le cadavre!...

II

Jeunes filles, jeunes garçons,
Quel beau rêve vous alliez faire!
Les nerfs, les muscles, les tendons
Pour vous n'auraient plus de mystère!...
Et vous sauriez comment les os
Sont reliés aux pectoraux.
Votre ingratitude me navre,
Que l'on remporte le cadavre!.....

Je vous dis, je leur apprends un peu de tout! Ah! ça aurait été une fameuse partie de plaisir, allez!... Au lieu de cela vous préférez chanter des chansons à faire dresser des cheveux sur les têtes les plus chauves, des abominations dictées par Satan. Ignares vous êtes... ignares vous resterez... (*Le Pion sort avec le mannequin. Les Garçons se placent d'un côté, les Filles de l'autre; Aglaé a été se mettre au banc des Garçons. Ici Siebel murmure des paroles inintelligibles.*)

FAUST, *à Siebel.*

Qu'est-ce que vous dites, vous?

SIEBEL.

Moi? j'ai rien dit.

FAUST.

Vous avez murmuré. Ayez donc le courage de votre opinion, monsieur Siebel. Êtes-vous un homme?

SIEBEL.

Oui, je suis un homme.

FAUST.

Eh bien, prouvez-le.

SIEBEL.

Eh bien, j'ai dit : En voilà un cauchemar!

FAUST.

Très-bien!... Vous me ferez six cents fois le verbe je réponds : en voilà un cauchemar, à mon bon professeur le vénérable docteur Faust, quand il me dit : Ignares vous êtes, ignares vous resterez.

CLORINDE.

En voilà un verbe irrégulier.

FAUST.

Hein!

ALTMAYER.

C'est bien fait.

SIEBEL.

Tu verras en sortant.

TOUS LES GARÇONS.

Il ne te craint pas! (*Dispute.*)

FAUST.

Silence... A vos places. Nous étudierons simplement le

livre mystérieux de Nostradamus. (*A Aglaé.*) Qu'est-ce que vous faites là, vous ?..., Pourquoi êtes-vous du côté des garçons ?

AGLAÉ.

Je ne sais pas... C'est naturel.

FAUST.

C'est naturel ! (*Au public.*) Évidemment c'est naturel. Absolument et divinement, c'est naturel. Mais socialement je ne peux pas le supporter. (*Il prend le martinet.*) Ah ! c'est naturel ! (*Aglaé se sauve.*) Aglaé, ici... ici. (*Elle s'approche en tremblant ; il la prend par la main et va lui administrer une correction.*)

AGLAÉ.

Oh ! la la !... Oh ! la la !

SIEBEL.

C'est une injustice.

TOUS.

Oui, oui, c'est une injustice !

FAUST.

Qui est-ce qui a dit que c'était une injustice ?

TOUS, *debout.*

C'est pas moi ! (*Elles s'asseyent toutes.*)

BRANDER.

C'est lui. (*Il désigne Siebel.*)

SIEBEL.

Rapporteur.

FAUST. *Il prend la patoche.*

Votre main. Qu'allais-je faire ? Il a raison !... c'est une injustice !.... Tu auras un bon point.

SIEBEL.

Merci, monsieur.

FAUST.

Et maintenant passons au signe du microcosme. (*A part.*) Je leur apprends un peu de tout. (*Haut.*) Attention. (*Les Élèves prennent leurs cahiers.*) Monsieur Altmayer, d'où vient le nom de microcosme ?

ALTMAYER.

Du grec : micros, petit ; cosmos, monde

FAUST.

Très-bien... Comment va votre père ?

ALTMAYER.

J'en sais rien.

FAUST.

Parfait.... Mademoiselle Agnès, mademoiselle Agnès.

AGNÈS.

Présente... (*Elle se lève.*)

FAUST.

Qu'est-ce que le microcosme ?

AGNÈS.

Je n'en sais rien...

TOUS ET TOUTES.

Ah! ah! ah! ah!

FAUST.

Vous n'en savez rien!... Elle ne sait même pas ce que c'est que le microcosme... Tuez-vous donc le corps et l'âme à leur donner un peu d'instruction... Mademoiselle Lisette... vous qui chantez si bien, savez-vous ce que c'est ?

LISETTE.

Ah ben! non, par exemple!

FAUST.

Le martinet!

LISETTE, *pleurant.*

Ah ben! puisque je ne le sais pas.

FAUST.

Et vous, mademoiselle Aglaé ?

AGLAÉ.

Je n'en sais rien non plus.

FAUST.

Vous ne savez pas que c'est l'univers considéré au point de vue de l'organisme humain en grand, comme l'homme est un univers en petit ? Vous ne savez pas que le soleil et la lune sont les yeux de la Divinité, la terre et les montagnes son corps, l'éther son intelligence, et l'air ses épaules garnies de plumes? Mais vous ne savez donc rien de rien, alors?... Voilà donc où j'en suis arrivé!... A ne vous rien apprendre, même des choses aussi simples que ça... (*On entend une marche militaire.*) — Oh! qu'est-ce que c'est que ça?

LE PION.

Ce sont des soldats.

TOUS.

Des soldats!

FAUST.

Des soldats ici!... A vos places... Qu'ils se donnent la peine d'entrer.

SCÈNE III

Les Mêmes, VALENTIN. (*Valentin entre suivi de son régiment*).

CHOEUR DES SOLDATS.

Vaillants guerriers, sur la terre étrangère,
Combattre est un plaisir;
Nos ennemis y mordront la poussière
Et ça les f'ra mourir!

I

VALENTIN.

Quand le militaire
Il part pour la guerre,
Il embrasse son père.

CHOEUR.

Et s'il n'a pas de père?

VALENTIN.

Il embrasse sa mère.

CHOEUR.

Et s'il n'a pas de mère?

VALENTIN.

Il embrasse son frère.

CHOEUR.

Et s'il n'a pas de frère?

VALENTIN.

S'il n'a pas de frère,
Il se contente alors d'embrasser sa carrière.

CHOEUR.

Contentons-nous d'embrasser not' carrière,
En avant!
Rantanplan
Le joyeux régiment!

REPRISE.

Vaillants guerriers, sur la terre étrangère
Combattre est un plaisir,
Nos ennemis y mordront la poussière,
Et ça les f'ra mourir!

II

VALENTIN.

Quand la paix s'assure,
Déposant l'armure,
Il pense à la verdure...

CHOEUR.

Et si n'y a pas d' verdure?

VALENTIN.

Il pense à sa masure.

CHOEUR.

S'il n'a pas de masure?

VALENTIN.

Il pense à sa future...

CHOEUR.

Et s'il n'a pas d' future?

VALENTIN, *parlé.*

Ah ! qu'est-ce que vous m'entortillez?

Et s'il n'a pas de future,
Il se contente alors de panser sa blessure.

VALENTIN, *parlé.*

Messieurs, vous oubliez que nous sommes à cheval.

REPRISE DU CHOEUR, *sur un mouvement de trot.*

Vaillants guerriers, etc.

(*Après le chœur, les Soldats remontent au fond et dégagent les tables des écoliers.*)

VALENTIN.

C'est vous qui êtes le docteur Faust?

FAUST.

Moi-même.

VALENTIN.

Je vous en fais compliment ! Tel que vous me voyez, on m'a dit sur vous des choses incroyables.

FAUST.

Si c'est du mal, ce sont des cancans; si c'est du bien, c'est la vérité.

VALENTIN.

On m'a dit que vous étiez parvenu jusqu'à votre âge sans savoir autre chose que le latin, le grec, l'hébreu, l'algèbre, l'orthographe et les mathématiques.

FAUST.

On vous a dit vrai. Philosophie, jurisprudence, médecine, théologie, je sais tout. Je m'intitule maître et docteur, et depuis soixante-sept ans, je promène çà et là mes élèves par la science...

VALENTIN.

Vous prenez les jeunes filles en pension?

FAUST.

Les jeunes filles au-dessous de dix-sept ans... parce que passé cet âge, elles sont trop difficiles à garder...

VALENTIN.

Pour vous?...

FAUST.

Pour moi?... Ah! ça m'est bien égal.

VALENTIN.

Ah! ça ne vous fait rien?

FAUST.

Quoi?

VALENTIN.

Les grandes?

FAUST.

Rien du tout!

VALENTIN.

Même quand elles ont plus de dix-sept ans?

FAUST.

Qu'est-ce que vous voulez que ça me fasse?

VALENTIN.

Parole d'honneur?

FAUST.

Parole d'honneur!

VALENTIN.

Mais quand vous étiez plus jeune?

FAUST.

Quand j'étais plus jeune... j'étais déjà vieux... C'était la même chose...

VALENTIN.

C'est bien ce qu'on m'avait dit... Alors vous n'avez jamais su ce que c'était que l'amour?

FAUST, *indigné.*

Je ne le sais pas, moi!... Je sais tout : amour, substantif masculin, sentiment généralement répandu parmi les êtres organisés; crée, enrichit, renouvelle sans cesse la scène du monde. Aimer n'est que la contraction du verbe animer. Les minéraux, corps inanimés et inorganiques, peuvent bien manifester des affinités, des attractions chimiques entre leurs éléments moléculaires... mais seuls les animaux organisés peuvent comprendre l'amour.

VALENTIN.

Assez... assez...

FAUST, *triomphant.*

Circulus æterni motus !... Voilà ce que c'est que l'amour.

VALENTIN.

Je croyais que l'amour c'était plus simple que ça! Du moment que c'est comme ça... voilà ce qui m'amène. J'ai une sœur... oh ! mais une sœur... vous verrez ça... non... Il y a des gens qui disent : J'ai une sœur... on croit qu'ils ont une sœur... on y va de confiance... On dit : Bon, il paraît qu'il a une sœur. Et on ne l'aborde plus sans lui dire : Bonjour, comment ça va-t-il ?... Ça va bien... merci... Et ta sœur?... Merci, elle ne va pas mal, excepté qu'elle a mal aux dents... et on s'apitoie... ça fait pitié... Moi, je suis franc... d'abord je suis soldat... Le régiment part ce soir... mettez-vous à ma place... vous êtes franc... vous êtes soldat... votre régiment part ce soir... et vous avez une sœur... qu'est-ce que vous feriez ?

FAUST.

C'est embarrassant.

VALENTIN.

D'autant... que je n'ai plus de père. (*Il pleure.*) Ma mère, qui pouvait pas s'en passer, a été le retrouver... Alors, je me suis dit : C'est pas tout ça... l'honneur avant tout... parce que l'honneur dans notre famille, on ne joue pas au chat perché avec ça... Franc du collier... je sais ce que c'est que l'amour... Moi, ça m'est égal !... mais c'est ma sœur qui m'embarrasse... Combien prenez-vous par mois?

FAUST.

Hein ?

VALENTIN.

Je la flanque en pension chez vous... Combien prenez-vous ?

FAUST.

Mange-t-elle beaucoup?

VALENTIN.

Il y a des jours... ça dépend de son appétit.

FAUST.

Et elle n'a pas... de défauts ?

VALENTIN.

Une fille... on ne peut pas savoir.

FAUST.

Quel âge a-t-elle ?... Vous savez la règle.

VALENTIN.

Seize ans et demi... mais elle est bien formée.

FAUST.

A-t-elle été déjà à l'école ?

VALENTIN.

Oh ! à la mutuelle...

FAUST.

Sait-elle un peu d'astronomie ?

VALENTIN.

Je ne crois pas... quelquefois elle regarde en l'air...

FAUST.

Un peu de théologie, de médecine ?...

VALENTIN.

Je ne crois pas... Du reste, la voici... vous allez pouvoir en juger. Faites avancer ma sœur !

SCÈNE IV

LES MÊMES, MARGUERITE, *avec un panier et des livres attachés à une ficelle. Le Pion l'accompagne.*

MARGUERITE, *entrant, d'un air timide et naïf.*

Fleur
De candeur,
Je suis la petite
Marguerite
Mon cœur ne sait rien,
Ni le mal ni le bien,
Et les Salumands m'abbellent Gretchien !
(*Tyrolienne.*)
Trolo loï lolo, oh ! etc.

Je vais d'instinct à tout ce qui m'attire :

Je cours dans l'herbe après un papillon.
Tout un chacun me semble bon pour rire,
Je ris avec, qu'il soit fille ou garçon.
Il faut me voir, quand la moisson commence,
Avec Siebel, me rouler dans le foin :
Ma vertu va jusqu'à l'inconséquence,
Peut-être, un jour, ira-t-elle plus loin.

Fleur
De candeur,
Je suis la petite
Marguerite;
Mon cœur ne sait rien,
Ni le mal ni le bien,
Et les Salumands m'abbellent Gretchien !

(*Les autres accompagnent instinctivement la reprise de cette tyrolienne.*)

FAUST.

Allons, ma fille... n'ayez pas peur.

MARGUERITE.

Oh! je n'ai pas peur... mais je voudrais pas aller en pension... Je voudrais rester chez nous...

VALENTIN.

Eh bien, mademoiselle, qu'est-ce que ça?

MARGUERITE.

Je voudrais pas aller en pension, parce que j' voudrais pas te quitter... mon bon frère !

VALENTIN.

Vous voyez, c'est jeune, c'est bon... c'est naïf... c'est bien articulé.

FAUST.

Ah ! oui, mais elle a plus de seize ans et demi.

VALENTIN.

Dis à monsieur quel âge que t'as.

LE PION.

Dites à monsieur quel âge vous avez.

MARGUERITE.

J'ai peur...

VALENTIN, *doux.*

Dis-lui, ma petite boulotte. (*Brusque.*) Veux-tu lui dire de suite ?...

MARGUERITE, *pleurant.*

J'ai... j'ai... je ne sais pas, moi, na...

VALENTIN.

La, qu'est ce que je vous disais? Nous ne mentons pas dans notre famille... C'est entendu... vous la prenez... je vous la donne. (*Le prenant à part.*) Mais si jamais elle faiblissait à l'honneur... prenez garde... parce que... je suis soldat. Partons, camarades.

MARGUERITE.

Tu ne veux pas que je suive le régiment?...

VALENTIN.

Allons, dis donc, pas de bêtises. En route, nous autres. (*Valentin et les Soldats sortent. Faust les accompagne.*)

REPRISE

Vaillants guerriers, sur la terre étrangère.

Etc.

SCÈNE V

LES ENFANTS, MARGUERITE, *puis* FAUST.

LISETTE.

Ah! venez donc voir la nouvelle.

SIEBEL.

Ah! la grande bringue... (*Tous les Enfants entourent Marguerite et se moquent d'elle. Marguerite, assise à l'écart, se recule en tremblant.*)

SIEBEL *et* CLORINDE, *enhardis.*

Ah! ah! la grande serine! ah! ah!

MARGUERITE, *se retournant brusquement, allonge une gifle à Siebel.*

Tu m'embêtes, toi!

SIEBEL.

Oh! la, la!

MARGUERITE, *à Altmayer qui s'avance.*

Je te vas fiche une claque aussi, à toi.

ALTMAYER.

Toi?...

MARGUERITE.

Oui... moi.

ALTMAYER.

Viens-y donc. (*Il la reçoit.*) Oh! la, la!

MARGUERITE, *à Aglaé, qui ne lui dit rien.*

Et puis à toi aussi... Tiens, pan... (*Elle lui donne un coup de pied.*)

AGLAÉ.

Oh! mais je n'ai rien fait, moi.

MARGUERITE.

Eh bien! pense à ce que ça serait si tu m'avais fait quelque chose.

LE PION.

Le régiment est parti, enfants.

MARGUERITE.

Mon frère... aussi!... (*Elle se met à danser.*) Tra la la la... (*Voyant rentrer Faust, elle change d'allure et se met à pleurnicher.*) Oh! la! la! pauvre frère!

FAUST.

Est-ce qu'elle ne dansait pas, la nouvelle?

MARGUERITE, *geignant.*

Il va aller se faire casser les bras et les jambes. (*Faust l'examine.*) Tiens, pourquoi donc que vous me regardez comme ça, vous... j'veux pas qu'on me regarde comme ça, moi...

AGLAÉ.

Monsieur, elle m'a donné un coup...

FAUST.

Qui ça?...

AGLAÉ.

Elle, pendant que vous n'y étiez pas...

MARGUERITE.

Moi... Oh! la menteuse! Elle m'accuse, moi qui ne ferais pas de mal à un lézard, elle... (*pendant que Faust tourne le dos, elle allonge une claque énorme à Aglaé. Faust se retourne; elle recommence à geindre*), elle me vilipende.

TOUS.

Oui, monsieur, elle l'a tapée.

FAUST.

Est-ce vrai, mademoiselle?

MARGUERITE.

Oh! si on peut dire!

SIEBEL.

Et moi aussi, monsieur.

FAUST.

Toi aussi. Quoi! mademoiselle?

MARGUERITE.

C'est pas vrai. (*Elle redonne un coup de pied à Siebel, mais Siebel se recule et Faust le reçoit.*)

FAUST.

Aie!...

MARGUERITE.

Moi qui ne ferais pas de mal à un lézard...

FAUST.

Mais c'est moi qui viens de le recevoir.

MARGUERITE.

Vous! Oh! si on peut dire! Oh! le menteur!

FAUST.

A genoux!

MARGUERITE.

A genoux... j'aime mieux m'en aller!... Je veux m'en aller.

FAUST.

Ah! vous ne connaissez pas le règlement de la maison... (*Haut.*) Approchez...

MARGUERITE.

Jamais de la vie. (*Marguerite se sauve en courant en rond autour de la classe; les Élèves la suivent.*)

FAUST, *qui en a peur.*

Qu'on la tienne!... Cette fille-là a plus de seize ans et demi... La tenez-vous? (*Toute la classe se met en chasse après Marguerite, qui se défend.*)

LE PION.

Nous la tenons. La voilà, et ce n'est pas sans peine...

SIEBEL.

Et sans égratignures...

FAUST.

Ne la lâchez pas, surtout.

MORCEAU D'ENSEMBLE ET DUO.

FAUST.

Il nous faut un exemple!... apportez l'instrument
Du châtiment.

(*On lui passe le martinet.*)

CHŒUR.

Le voici, c'est bien fait!
Ell' va tâter du martinet!

MARGUERITE.

Grâce! pardon! je ne le ferai plus!

FAUST.

Trop tard et regrets superflus!
Toute faute doit s'expier.
Rappelez-vous votre mère Ève,
Elle eut beau pleurer et crier,
L'ange ne lâcha pas son glaive!
Allons, vite!

MARGUERITE, *se débattant et criant d'avance.*

Oh! la la!

FAUST, *s'arrêtant tout à coup le bras levé.*

Grands Dieux! surprise étrange!
Je ne me trouve plus le courage de l'ange.

Mon cœur s'agite dans mon sein.
Et l'arme tombe de ma main.

CHŒUR

Son cœur s'agite dans son sein,
Et l'arme tombe de sa main.

FAUST, *vivement.*

Sortez tous, sortez, mes enfants.
(*A part*).
Cette fille a plus de seize ans.

CHŒUR, *murmurant.*

Sortons tous, sortons à l'instant,
Le maître n'a plus l'air content!

(Ils sortent. Faust les reconduit; pendant ce temps, Marguerite rit et lui fait la nique. Quand il redescend, elle reprend sa pose accablée.)

FAUST.

Relève-toi, je te pardonne.

MARGUERITE, *à genoux.*

Hélas! hélas! je ne peux pas.

FAUST.

Pourquoi ne peux-tu pas, mignonne?

MARGUERITE, *elle se lève.*

Ils m'ont fait mal!...

FAUST.

Où donc?

MARGUERITE.

Au bras!

FAUST.

Voyons cela!

MARGUERITE *relève sa manche et lui fait toucher son bras.*

Voyez-vous, là?
Là, c'est tout noir!
Et puis ici, là, c'est tout bleu!

FAUST, *reculant effrayé.*

Je n'ai pas besoin de voir,
Cachez-moi ça, morbleu!

ENSEMBLE.

FAUST.

Ah ! l'étrange phénomène !
Je sens comme des vapeurs ;
Et l'on m'en ferait sans peine
Voir de toutes les couleurs !

MARGUERITE.

Le brave homme se démène !
Moquons-nous de ses frayeurs ;
Gretchen t'en fera sans peine
Voir de toutes les couleurs !...

MARGUERITE.

Ce n'est pas tout !

FAUST, *ému.*

Parlez, ma bonne.

MARGUERITE.

Hélas ! hélas ! je n'ose pas.

FAUST.

Pourquoi n'oses-tu pas, mignonne ?

MARGUERITE.

Ils m'ont fait mal !...

FAUST.

Où donc ?

MARGUERITE.

(*Elle découvre sa cheville.*) Plus bas !

FAUST, *se laissant aller.*

Voyons cela ?

MARGUERITE.

Voyez-vous là !
Là c'est tout noir !
Et puis ici, là c'est tout bleu !

FAUST, *s'écartant vivement.*

Je n'ai point besoin de voir.
Cachez-moi ça, morbleu !

ENSEMBLE.

FAUST.

Ah ! l'étrange phénomène ! etc.

MARGUERITE.

Le brave homme se démène, etc.

FAUST.

Va-t'en,
Satan!

(*Marguerite sort en riant.*)

SCÈNE VI

FAUST, *puis* MÉPHISTO.

FAUST, *seul.*

Quand on s'appelle le docteur Faust!... Quand on a tout étudié... philosophie... jurisp... Je l'ai déjà dit. Quand on en sait bien plus que ceux qui ne savent rien, qu'on a été pur, pur, pur, pendant soixante-dix ans... qu'on se trouve en face d'une jeune fille qui a mérité le martinet... et qu'on hésite à le lui donner... parce que ça vous fait... quelque chose... qu'est-ce que ça prouve? Non, mais qu'est-ce que ça prouve... Il y en a qui diraient : Tiens, tiens, est-ce que,, par hasard... Bah! parce que ce sont des gens qui n'ont pas étudié; mais moi, je ne tergiverse pas... et je le dis : C'est parce qu'on a le diable au corps... je le sens... il me... veux-tu t'en aller! (*Il se frappe sur l'estomac, les bras.*) Veux-tu t'en aller!... Veux-tu t'en aller!...(*Il se retourne et apercevant Méphisto, qui est sorti d'une trappe derrière lui.*) Qu'est-ce que je disais... le voilà. Ah! je me sens mieux. Va-t'en!

MÉPHISTO.

Pourquoi me chasses-tu? J'étais si bien... ça marchait.

FAUST.

Qu'est-ce qui marchait?

MÉPHISTO.

Toi.

FAUST.

Tu me tentais.

MÉPHISTO.

C'est mon métier.

FAUST.

Qui es-tu?

MÉPHISTO.

Méphisto!...

FAUST.

Méphistophélès!

MÉPHISTO.

Non! aujourd'hui on abrége... on n'a pas de temps à perdre... On dit : Méphisto comme on dit Délas.-Com...

RONDEAU.

Je suis Méphisto, serviteur fidèle
De l'ange déchu qu'on nomme Satan.
Je hais, comme lui, la race mortelle,
Et fais en petit ce qu'il fait en grand.

Je laisse à Satan, pour prouver sa haine,
Le fer, le poison, la guerre et le sang.
Je garde pour moi la sottise humaine,
Convaincu qu'un sot vaut bien un méchant.

Les inventions les plus biscornues,
C'est moi qui les souffle aux pauvres humains,
Grotesques pantins que, par leurs bévues,
Comme par des fils, je tiens dans mes mains.

En bonnet carré quelquefois je rôde,
Attaquant la veuve ou bien l'orphelin;
Sous des panonceaux abritant la fraude,
Histoire de rire et d'être malin.

Mais mon plus grand faible est pour l'adultère,
Ce péché mignon est mon fils chéri;
Aussi que de soins je dépense à faire
Un assortiment de « femme et mari! »

Je n'ai jamais eu, dans ce grand système,
D'allié plus sûr que la vanité.
Et le besoin d'être aimé pour soi-même
M'a dans mon bilan beaucoup rapporté!

Vanité, mensonge, amour et délire,
Vous me préparez de joyeux ébats.
En pensant aux pleurs qui suivront le rire,
Tu crois, vieux docteur, que je ne ris pas?

Je suis Méphisto, serviteur fidèle
De l'ange déchu qu'on nomme Satan.
Je hais, comme lui, la race mortelle,
Et fais en petit ce qu'il fait en grand.

FAUST.

C'est à ces bêtises-là que tu passes ton temps?

MÉPHISTO.

N'en dis pas de mal. Tu es à moi.

FAUST.

A toi?

MÉPHISTO.

N'est-ce pas que Marguerite est bien jolie?

FAUST.

Si elle est... Oh! que c'est bête de venir déranger un docteur vertueux depuis soixante-dix ans!

MÉPHISTO.

Justement, ta pudeur m'agaçait. J'ai triomphé des femmes mariées... des rosières... et je n'ai pas encore pu entamer ta vertu... Pourquoi?...

FAUST, *à lui-même.*

Il manque d'instruction. (*A Méphisto.*) Mais c'est bien simple... tes femmes mariées avaient à tromper leurs maris... les rosières, M. le maire... et moi je n'avais rien.

MÉPHISTO.

Je t'ai pincé pourtant, philosophe!

FAUST.

Va-t'en...

MÉPHISTO.

Adieu!

FAUST.

Non... reste...

MÉPHISTO, *redescendant.*

Qu'est-ce que tu m'offrirais si, t'ayant donné le désir... je te donnais le pouvoir?...

FAUST.

Quel pouvoir?

MÉPHISTO.

Celui d'être heureux, c'est-à-dire la jeunesse, la beauté, la...

FAUST.

La jeunesse! la beauté... Voyons, veux-tu mes alambics, mes vieux livres?... veux-tu ma classe d'adultes? veux-tu mes pions?

MÉPHISTO.

Je suis bon prince. Je ne veux rien que les crimes que tu commettras.

FAUST, *à part.*

Des crimes! Il sera volé! (*Haut.*) C'est dit... Ton papier!...

MÉPHISTO.

Quel papier?

FAUST.

Le pacte que le diable fait toujours signer.

MÉPHISTO, *au milieu.*

Ancien jeu!... Autrefois c'était bon... Aujourd'hui tout le monde se donne au diable... sans papier! (*Trait d'orchestre. — Il fait un geste. Faust devient un beau cavalier.*) Regarde. (*Il lui présente un miroir.*)

FAUST.

Qu'est-ce que c'est que ça?.. C'est mon frère.

MÉPHISTO.

C'est toi.

FAUST.

Si beau que ça? Oh! non, je suis trop joli, ma parole d'honneur!

MÉPHISTO.

Gare aux femmes!

FAUST.

Je n'en veux qu'une... Marguerite... ma femme!

MÉPHISTO.

Ta femme! Il s agit bien de Marguerite! Je te donne vingt ans et la liberté, et tu vas t'enchaîner! Faust marié, la bonne plaisanterie! Prends du tabac, mon cher, mais ne parle pas de boîte. — Viens!

FAUST.

Où?

MÉPHISTO.

Viens rire, chanter et boire.

FAUST.

Je veux Marguerite.

MÉPHISTO.

Eh bien, cours après. (*Musique de scène jusqu'au final.*)

SCÈNE VII

LES MÊMES, LE PION, *puis* MARGUERITE, ET TOUS LES ENFANTS.

LE PION, *se précipitant en scène.*

Docteur... docteur Faust? Pardon, jeune homme, vous n'auriez pas vu le docteur Faust? Où donc est-il?

FAUST.

Quoi?... Il ne me reconnaît pas?

LE PION.

Marguerite a soulevé la classe, et je ne sais plus comment faire. (*Les Enfants entrent en poussant des cris.*)

CHOEUR.

Viv' l'amour, la jeunesse!
Filons avec allégresse!
Plus d'école, plus de pion!
C'est la révolution!

LISETTE.

Au diable le professeur!
L'étude attriste le cœur.

TOUS.

Grimpe, grimpe, grimpe,
Au vent la guimpe!
Et fuyons
Ses leçons.

AGLAÉ.

Courons dans tous les pays!
Courons chercher des maris!

LISETTE.

Si y' en n'a pas d' vrais,
On s' content' d'à peu près!

REPRISE.

Viv' l'amour, etc.

(*Sur l'ensemble les Élèves jettent les livres et les cahiers en l'air.*)

MARGUERITE.

Bien mieux que tous les docteurs,
Les voyag's forment les cœurs!

TOUTES.

Grimpe, grimpe, etc.

FAUST.

Ah! de grâce, attendez-moi!
Gretchen, je pars avec toi!

MÉPHISTO.

Allons! en chemin!
Et nous verrons la fin!

REPRISE.

Viv' l'amour, la jeunesse!

(*On voit disparaître les jeunes filles. — Faust, guidé par Méphisto, s'élance à leur poursuite.— Le rideau baisse.*)

ACTE DEUXIÈME

La closerie des Vergeiss-mein-nicht

SCÈNE PREMIÈRE

ÉTUDIANTS, COCOTTES, VIEILLARDS, MÉPHISTO.

CHOEUR DE COCOTTES.

Cocottes de tous les pays,
Nous faisons la guerre aux maris;
Lorettes ou biches,
Nous sommes les mêmes tendrons,
Qui dans tous les temps préférons
Plaire aux personnes les plus riches!

CHOEUR DE VIEILLARDS, *entrant à leur suite*

Nous, nous sommes les vieux noceurs,
C'est notre bourse qui régale;
Nous mourrons, éternels viveurs,
Dans l'impénitence finale.
Assis gaîment dans les jardins
Que fréquentent ces demoiselles,
Nous voyons passer les gandins
Qui nous soufflent nos belles!
(Ils poursuivent les Cocottes.)

CHOEUR D'ÉTUDIANTS, *buvant à gauche.*

Enfants de l'université,
Buvons en culottant nos pipes,
Et défendons les vrais principes,
Car la chope et la liberté
Font le bonheur de la cité!

MÉPHISTO, *aux Étudiants au milieu d'eux.*

Ah! oui, et vous avez raison, messieurs! ça ne va pas comme ça devrait aller : on parle encore de doubler les impôts.

SIEBEL.

Encore !

MÉPHISTO.

Ne faut-il pas que notre bien-aimé roi Clotaire VIII donne des fêtes à ses maîtresses?

BRANDER.

Ces dames gouverneront donc toujours les gouvernements?

MÉPHISTO.

Parbleu!... on a fait une chanson là-dessus.

TOUS.

La savez-vous?

MÉPHISTO.

Elle est de moi... et d'un nommé Gœthe... et elle a un bien joli titre :

Le Satrape et la Puce ou *la Puce elle s'attrape.*

I

Un prince des plus vaillants,
Hollandais, Chinois ou Russe,
Avait rapporté des camps...
Faut-il vous le dire?... une puce!
Dame, quand on s'en va-t-au feu,
On en rapporte ce qu'on peut.

II

Malgré sa grand' position,
Le prince avait le cœur sensible;
Il s' sentit pris d'affection
Pour cette bête nuisible.
L'habitud', c'est insensé !...
Il n' pouvait plus s'en passer !...

III

Qu'est-c' qu'il lui fit un beau jour?
Il lui fit faire un costume
Par le tailleur de la cour,
Ça n'était pas la coutume.
Mais chacun dit : Ça ne fait rien,
Ell' le porte crân'ment bien !

IV

L'animal, quand il se vit
Si bien choyé par le prince,
Fit venir p'tit à p'tit
Tous ses parents de la province !
Et personne n'osa s' gratter,
De peur de mécontenter !...

V

La morale de ceci,
C'est qu' la vi' simple et commune
Vaut bien mieux que le souci
Des grandeurs, de la fortune !
Nous autr's, quand nous rencontrons
Une puce !... nous l'évitons !

TOUS.

Vivat !...

SIEBEL.

Je vote une manifestation...

MÉPHISTO.

Et vous aurez raison, messieurs, parce qu'une manifestation bien sentie... ventrebleu !... (*A part.*) Ça n'a jamais servi à rien.

BRANDER.

Au palais !

TOUS.

Au palais !... (*Ils sortent en chantant la reprise du chœur des Étudiants.*)

SCÈNE II

MÉPHISTO, les Cocottes, LISETTE, AGLAÉ, CLORINDE, etc.

MÉPHISTO.

Une bonne petite révolte... ils reviendront avec quelques horions... et je ne sors pas de mon département, des sottises.

CLORINDE.

En voilà des lâcheurs !...

DOROTHÉE.

Avec leur politique !

LISCHEN.

De la politique, pour quoi faire ?

MÉPHISTO.

Pour faire augmenter les impôts...

CLORINDE.

Les impôts... qu'est-ce que c'est que ça ?...

AGLAÉ.

O naïveté !... tu ne sais pas ce que c'est que les impôts ?

LISETTE.

Moi je sais... c'est une somme qu'on paye en rechignant.

MÉPHISTO.

J'entends toujours crier après les impôts... mais qui donc ici-bas ne lève pas l'impôt ?... Tout le monde lève l'impôt. (*A une Fille.*) Tiens, toi... tu es jeune... tu es jolie, tu possèdes... Passe un cavalier jeune ou vieux, laid, mais riche, il t'impose... Toi, de ton côté... tu le regardes... tu lui souris... à ton tour, tu lèves l'impôt.

CLORINDE.

En attendant, je voudrais bien lever un peu la jambe... je ne danse pas...

TOUTES.

Ni moi ! ni moi !

MÉPHISTO.

Il s'agit bien de danser !... mes enfants !... J'ai mieux qu'un danseur à vous offrir.

TOUTES.

Quoi donc ?

MÉPHISTO.

Un nabab !

TOUTES.

Un nabab !...

MÉPHISTO.

De Nuremberg...

TOUTES.

De Nuremberg ?...

LISCHEN.

Ah ! c'est un Turc ?...

MÉPHISTO.

Très-bien !... Quelles connaissances géographiques ! Oui, un Turc... de la Turquie d'Auvergne.

CLORINDE.

Ah bah !... venez donc, mesdemoiselles... Qu'est-ce que ça nous fait à nous... son nabab et son Turc ?... nous sommes à la Closerie des Vergeiss-mein-nicht pour danser. (*Elles remontent.*)

MÉPHISTO.

Il est riche à millions. (*Elles redescendent toutes.*)

TOUTES.

Riche à millions...

MÉPHISTO.

Ah !

LISCHEN.

Il a des millions ?...

AGLAÉ.

A remuer à la pelle ?...

MÉPHISTO.

Lui, il les remue avec une fourche...

CLORINDE.

Comment s'appelle-t-il ?...

MÉPHISTO.

Faust !

LISETTE.

Tiens... mais c'est comme notre ancien maître d'école, celui qui m'apprit-z-à lire...

MÉPHISTO.

Et à parler? ça ne doit pas être le même... Hé bien! mes enfants, ce personnage a une toquade... Il est amoureux.

TOUTES.

Amoureux!...

MÉPHISTO.

D'un idéal!... Il est à la recherche d'une candeur, d'une vertu... d'une... enfin d'une impossibilité!... il en perd le boire et le manger... et celle qui pourra le divertir... celle qui aura assez de chien pour lui faire oublier son rêve... mes enfants, je ne vous dis que ça... il est capable de l'épouser...

LISCHEN.

Et comment s'appelle celle qu'il poursuit?...

MÉPHISTO.

Elle s'appelle Marguerite.

CLORINDE.

Est-elle brune?

AGLAÉ.

Est elle blonde?

MÉPHISTO.

Elle s'appelle Marguerite!... voilà tout ce que je sais d'elle... et la fortune de ce nabab est telle que, pour la retrouver, il a convoqué ici toutes les Marguerites du monde.

CLORINDE, *à part.*

Marguerite... tiens... tiens...

DOROTHÉE.

C'est une idée...

LISETTE.

Pourquoi pas?...

LISCHEN.

Et lui, est-il beau?...

AGLAÉ.

Est-il jeune ?...

DOROTHÉE.

Est-il aimable ?

MÉPHISTO.

Qu'est-ce que ça vous fait ?... Tenez... le voici ! (*Entre Faust soutenu par des Valets.*)

HÉLÈNE.

Il est bien éreinté !...

MÉPHISTO.

Ah ! ça tient à la noce que je lui ai fait faire. Éloignez-vous, vous reviendrez à mon premier signal... (*Elles sortent avec Méphisto.*)

SCÈNE III

FAUST *seul, revenant et marchant d'un air profondément dégoûté.*

Oh ! je suis un fameux viveur !
Le jour, la nuit toujours en fête.
Mais tout ça fait mal à la tête,
Et ça ne fait pas le bonheur.

J'ai beau me fouetter le sang,
Tout est assommant,
Tout est énervant !
Ce bruit, ce fracas,
Ces joyeux repas
Ne me disent pas...
Non, ces plaisirs n'ont point d'appas.
Ah ! tout m'irrite !
Vers moi viens vite,
O Marguerite !
Vois mes douleurs,
Entends mes pleurs.
Ah ! reviens vite, ou bien je meurs.
J'ai traversé toute l'Allemagne,
J'ai vu la Pouille et l'Espagne.
En tous ces lieux l'ennui me gagne.

Pleurant toujours,
Je cherche mes amours.
O vous, témoins de ma doléance,
Vous pourriez apaiser ma souffrance
En me fournissant
Quelque renseignement
Sur ma connaissance,
Pour mon trésor
J' donn'rais encor
Bien des frédérics d'or.

J'ai beau me fouetter le sang, etc., etc.

Je ne suis pas heureux!... Oh Marguerite! Marguerite!

SCÈNE IV

FAUST, MÉPHISTHO, *puis* LES COCOTTES.

MÉPHISTO.

Peut-on entrer?

FAUST.

Oui... as-tu exécuté mes ordres?.. Toutes les Marguerites du monde sont elles-là?

MÉPHISTO.

Je ne sais pas si elles y sont toutes... mais il y en a un lot...

FAUST, *à part.*

Oh! mon Dieu, faites que je la retrouve dans le tas!... que la fête commence. (*Valse autour de Faust.*)

MÉPHISTO.

Troupe joyeuse et belle,
Vous que son cœur appelle,
A ses yeux enchantés,
Apparaissez, tendres divinités.

(Un groupe d'Anglaises paraît le premier et vient défiler en valsant devant Faust.)

LE PREMIER GROUPE, *chantant en valsant.*

Oh! Margaret I am! Margaret is my name,
Look here I am the same,
Margaret is my name.

FAUST, *après les avoir considérées, détourne la tête.*

Non, non!
Ne vous déplaise,
Ma Marguerite à moi n'était pas une Anglaise.

MÉPHISTO, *évoquant un autre groupe.*

Peut-être dans ce groupe-là
Retrouveras-tu ton dada?

(Un second groupe succède au premier.)

DEUXIÈME GROUPE (*Italiennes*).

Io sono Margarita
La perla d'Italia,
Margarita, Margarita.

FAUST, *répétant avec colère.*

Margarita! Margarita!
La mienne
N'était pas une Italienne,
Ce n'est pas encore cela.

(*Parlé.*) A d'autres.

MÉPHISTO, *pendant que le deuxième groupe s'éloigne.*

Le drôle épuisera mon fonds de Marguerites.
(*Au fond.*)
Au dernier bataillon! En avant, mes petites!

TROISIÈME GROUPE. (*Françaises toutes en longs frisons blonds*).

Vous voulez des Marguerites,
En voici tout un panier.
Qu'en voulez-vous faire, dites?
Dites-nous, beau jardinier?

FAUST, *qui d'abord s'est laissé charmer et les a contemplées avec plaisir.*

Chacune de vous est belle,
Et j'aimerais à vous cueillir,

Si mon cœur n'était pas fidèle
A son pieux souvenir.

FAUST, *s'éloignant.*

Non! vous n'êtes pas Marguerite; non!
D'elle vous ne possédez que le nom!

QUATRIÈME GROUPE, *survenant tout à coup et l'entourant Javanaises en frisons rouges.*

Si tu ne veux pas des Françaises,
Préfères-tu les Javanaises?
Mavarguaveravitave! Mavarguaveravitave.

FAUST.

Non, non, navon, navon.
Mavargaveravitavon.
En voilà-t-il un fichu nom!

(Il repousse tous les groupes qui essayent de le circonvenir de nouveau.)

ENSEMBLE.

PREMIER GROUPE.

Margaret!
Margaret!

DEUXIÈME GROUPE.

Margarita!
Margarita!

TROISIÈME GROUPE,

Marguerite!
Marguerite!

QUATRIÈME GROUPE.

Margaveravitave!
Margaveravitave!

FAUST.

Non! non!
Vous n'en avez que le nom.

MÉPHISTO.

Non! non!
Quoi! toujours non!
Quel cornichon! (*Croupe final.*)

LISETTE, *bas à Faust.*

Regarde-moi bien, moi... Je t'assure que je suis Marguerite...

AGLAÉ, *qui l'écoute.*

Ça n'est pas vrai... elle ne s'appelle pas...

MÉPHISTO.

Silence!

LISETTE.

Et elle donc!... Elle s'appelle Aglaé Picot.

FAUST.

Ah! vous êtes charmante! — En voilà deux qui m'embêtent, par exemple. Méphisto, qu'on les couvre d'or et qu'on les reconduise avec tous les égards dus à leur grande naissance!... Là!... Non! non! vous n'êtes pas la Gretchen de mon âme! Non! Je l'aurais reconnue parmi vous, elle eût brillé comme le Vergeiss-mein-nicht dans le pré vert sombre... Sa candeur... sa pureté... C'eût été le lis aux blancs pétales au milieu d'un parterre de fleurs fanées.

TOUTES.

Oh!

FAUST.

O Marguerite! où es-tu? (*il sort.*)

TOUTES, *à Méphisto.*

En voilà un raseur!

MÉPHISTO.

Vous êtes toutes des maladroites... Vous n'avez pas su pincer sa note sensible...

LISETTE.

Il n'en a pas!

(*Une immense clameur éclate dans la coulisse.*)

CRIS EN DEHORS.

Hip! hip! hurrah!

CLORINDE.

Qu'est-ce que c'est que ça?

LISETTE.

Ah! voyez donc de ce côté...

AGLAÉ.

C'est Marguerite.

LISETTE *d'abord, puis* TOUTES.

Marguerite la blanchisseuse!

MÉPHISTO.

Enfin!

LISETTE.

Elle revient de Londres, où elle était allée apprendre aux insulaires la danse nationale de la France.

AGLAÉ.

Et elle traîne à sa suite une escorte d'Anglo-Saxons.

LISETTE.

Sais-tu pourquoi on l'appelle Marguerite la blanchisseuse?

AGLAÉ.

C'est parce qu'elle a rincé ces messieurs... probablement.

TOUTES.

Par ici, par ici, Marguerite!

SCÈNE V

LES MÊMES, LES ÉTUDIANTS, LES ANGLO-SAXONS, *portant* MARGUERITE *sur un pavois.*

LES ANGLO-SAXONS, *trois fois pendant que Marguerite met pied à terre.*

Hip! hip! hourrah!

MARGUERITE.

I

Place, place à la voyageuse,
Place à l'étoile des jardins!
Marguerite la blanchisseuse,
La seule idole des gandins!
Terpsichore, la muse blême,
Qui faisait tant ses embarras,
Était la danse du carême...
Je suis celle du mardi gras!
Pif! paf! pan!
En avant!
Le pied leste,
Et du geste!
Pif! paf! pan!
En avant!
La niqu' du gamin
Et l' coup d' pied de la fin!

II

Je suis reine, et, ne vous déplaise,
J'ai promené dans l'univers
La danse éminemment française,
Que Strauss conduit tous les hivers.
Demandez à Monsieur Prud'homme
Ce qu'il pense de mes talents,
Il va vous répondre qu'en somme,
Ma danse est un signe du temps...

(*Parlé.*) Eh bien, quoi! un signe du temps... certainement! le cancan, c'est le baromètre de la blague! Je blague tout... et moi la première. Et allez donc!

Pif! paf! pan!
En avant!
Le pied leste,
Et du geste!
Pif! paf! pan!
En avant!
La niqu' du gamin
Et l' coup d' pied de la fin!

REPRISE EN CHŒUR. (*On l'entoure.*)

LES ANGLO-SAXONS, *trois fois.*

Hip! hip! hourrah!

(*On dévalise les bouquetières, on couvre Marguerite de fleurs. Émue et la main sur le cœur, elle salue.*)

MARGUERITE, *aux Anglo-Saxons, qui recommencent.*

Eh! là-bas! les insulaires! une sourdine à vos grelots! Ça me fatigue. (*Les Anglo-Saxons remontent.*)

BRANDER.

Qu'est-ce que c'est donc que ces Olibrius-là?

MARGUERITE.

Mes joueurs de flûte!... Ils me suivent comme ça depuis Londres... pour célébrer ma gloire immense!...

LISCHEN.

Tu es revenue pour la prime?

MARGUERITE.

Quelle prime?

LISETTE.

C'est un cocodès qui donne cent frédérics d'or à toutes celles qui ont la chance de s'appeler Marguerite.

MARGUERITE.

Je suis au-dessus de ça...

AGLAÉ.

As-tu fini?

MARGUERITE.

En veux-tu la preuve?... Mylord... ici... (*Le groupe d'Anglo-Saxons s'approche.*) Qu'est-ce que vous donnez pour un de mes sourires?

PREMIER ANGLO-SAXON.

Oh! (*Ici une longue phrase anglaise se terminant par :* six pence.)

LES ANGLO-SAXONS.

Hip! hip! hourrah!

TOUS.

Hip! hip! hourrah!...

LISETTE.

Ah! est-elle heureuse!...

MÉPHISTO.

Et tu n'acceptes pas, Marguerite ?

MARGUERITE.

Non, j'aime mieux danser ! parce que tout ça c'est pas des positions... moi je veux une position.

MÉPHISTO.

J'ai peut-être ton affaire. (*Il la regarde fixement.*)

MARGUERITE.

Tiens, il me semble que je le connais ce petit bonhomme-là.

MÉPHISTO, *prenant son bras.* (*Tout le monde s'écarte.*)

Si tu me connais !... et moi donc ! figure-toi... une fortune incalculable.

MARGUERITE.

Vrai ?

MÉPHISTO.

Il t'adore.

MARGUERITE.

Bah !... il m'a vue ?... (*Elle lève la jambe.*)

MÉPHISTO.

Non, c'est un naïf !...

MARGUERITE.

Un naïf... oh ! la ! la !...

MÉPHISTO.

Tiens... là-bas... dans les groupes... (*Il désigne Faust qui descend la scène.*)

MARGUERITE.

C'est ça ? il a une bonne tête !...

MÉPHISTO.

Et quel sac !

SCÈNE VI

LES MÊMES, FAUST. (*Faust s'avance.*)

MÉPHISTO, *à part.*

Je crois que je peux te laisser aux prises avec la Marguerite. (*Haut.*) Hé bien ! Faust ! Es-tu heureux ? remontes-tu sur ta bête, ma vieille ?

FAUST.

Non! tu sais bien qu'il n'y a qu'une chose qui me remonterait.

MÉPHISTO.

Quoi?

FAUST.

C'est... Tu ne pourras pas...

MÉPHISTO.

Dis. (*Il échange un signe avec Marguerite.*)

FAUST.

Non, c'est trop difficile.

MÉPHISTO.

Dis toujours.

FAUST.

Hé bien, je voudrais... non... c'est impossible.

MÉPHISTO.

Va donc!

FAUST.

Je voudrais une femme à moi tout seul. (*Mouvement de Méphistophélès.*) Oh! je sais bien que je te demande le nec plus ultra des choses possibles... Je sais bien que, si tu pouvais faire cela, tu enfoncerais tous tes confrères; mais c'est un tic, une manie... malgré moi je tombe dans le lyrisme... Oh! avoir une femme à soi tout seul.. toujours la même... s'éloigner de ce proverbe normand qui dit que changement d'herbage réjouit les bœufs... vivre à deux... toujours à deux!...

MÉPHISTO.

Triple fou! mon bon maître. Tu crois donc que ces amours-là dureraient longtemps?

FAUST.

Longtemps?... mais toujours... ce serait l'éternité...

MÉPHISTO.

L'éternité! (*Haussant les épaules.*) Quatre saisons...

FAUST.

Quatre saisons...

MÉPHISTO.

Écoute :

Dans l'ombre d'un rêve
On la voit un jour,
Soleil qui se lève,
— Printemps de l'amour.

Le rêve se change
En réalité.
Dans nos bras un ange
S'endort. — C'est l'été!

On craint, on soupçonne...
Si vous me trompiez!...
— Les feuilles d'automne
Tombent à nos pieds.

On cherche une trace
Sur le gazon vert...
La neige l'efface...
Plus rien! — C'est l'hiver!...

FAUST.

Tais-toi... démon... tu ne me feras pas douter d'elle... Je la veux! je la veux! je la veux!...

MÉPHISTO.

(*A part.*) Naturellement! (*Haut.*) C'est la dernière chose que tu me demanderas?...

FAUST.

Oui...

MÉPHISTO.

La voici... (*Il se tourne du côté de Marguerite.*)

FAUST.

Cette jeune fille!

MÉPHISTO.

Oui, cette jeune fille.

DUETTO ET TERZETTO.

FAUST *s'approche de Marguerite, qui feint de tourner modestement la tête.*

« Ne permettez-vous pas, charmante demoiselle,
» Qu'on vous offre la main pour faire quelques pas?

MARGUERITE.

» Non, monsieur... Je ne suis demoiselle ni belle,
» Et je n'ai pas besoin qu'on me donne le bras! »

(Ils se reconnaissent.)

FAUST.

Gretchen! Gretchen!

MARGUERITE.

Un Allemand.

FAUST.

Un Deutsche! ô Vaterland!

(Ils se jettent dans les bras l'un de l'autre.)

MARGUERITE, *d'abord seule.*

Liebe, liebe Freundin!
Ich bin mit dir! ich bin!
Trou la la, la la! vaterland, ô waterland!
Uberall vo Wir sind
Da ist das Vaterland!
Trou la la, la la! Vaterland, ô Vaterland! *(bis.)*

ENSEMBLE.

FAUST *et* MARGUERITE.

Liebe, liebe Freundin! etc.

MÉPHISTO.

De cette tendre mélodie
Avez-vous saisi les accents?
Ils chantent l'amour, la patrie;
De leur chanson voici le sens:
Salut, ô le plus cher des hommes!
O ma chère femme salut!
La patrie est toute où nous sommes,
Chantons le sol et donnons l'ut!

REPRISE ENSEMBLE.

Liebe, liebe Freundin! etc.

MARGUERITE.

Qui donc es-tu, toi qui prononces si bien l'allemand?

FAUST.

Je suis le fils du docteur Faust.

MARGUERITE.

Le docteur Faust !... Monsieur votre père m'a joliment bien élevée ! Moi, je suis Marguerite... pauvre jeune fille abandonnée... seule au monde... J'ai quitté le pays pour aller chercher mon frère... parti il y a six mois... Chaque jour je l'attends, calme et solitaire, à la petite fenêtre de la vieille maison que m'a laissée ma mère. C'est bien triste, va... la nature nous a faits pour vivre deux.

FAUST.

Oh ! n'est-ce pas, n'est-ce pas que c'est ton opinion ?

MARGUERITE.

Ah ! tout le temps ! La nuit, si je ferme mes yeux appesantis par le sommeil de l'innocence, je rêve...

FAUST.

A quoi ? oh ! à quoi ?...

MARGUERITE.

Je n'ose pas...

FAUST.

Dis... allons ! Que tu es bête !... Voyons, dis-le donc ?

MARGUERITE.

Eh bien... je rêve que je suis... mariée... Ah ! dans un des vingt arrondissements... Mon bien-aimé est là, à mes côtés... il ouvre les yeux, et moi je lui apporte le lait chaud trait de mes blanches mains... puis nous allons ensemble tout le long du ruisseau.

FAUST.

Cueillir des vergeiss-mein-nicht.

MARGUERITE.

Tout le temps !...

FAUST.

Et boire à la fraîche... l'eau du torrent ?...

MARGUERITE.

Tais-toi !... Je me le demande !... Et tandis qu'il amasse de la mousse dans la grotte voisine...

FAUST.

Pourquoi faire? la mousse... dis... dis-le donc! Que tu es bête!...

MARGUERITE.

Je ne sais pas...

FAUST.

Tant de candeur! Ah! voilà la femme que j'avais rêvée à moi tout seul!... (*Tout à coup.*) Malheureuse!

MARGUERITE.

Pourquoi?

FAUST.

Mais tu ignores donc où tu es?

MARGUERITE.

Où suis-je?

FAUST.

A la Closerie des Vergeiss-mein-nicht, comme qui dirait à Mabille strasse.

MARGUERITE.

A Mabille strasse, qu'est-ce que c'est que ça?

FAUST.

Un endroit déplorable où l'on s'amuse... où l'homme marié qui fuit son épouse vient chercher quelques distractions, où la femme mariée qui fuit son époux trouve la honte et le déshonneur!

MARGUERITE.

Ah! emmène-moi! emmène-moi!

FAUST.

Je cours chercher un fiacre... Méphisto... je te la confie. Un peu de patience, parce que je serai peut-être obligé d'aller jusqu'à la Madeleine...

MARGUERITE.

A bientôt! (*Marguerite et Méphisto sortent par la gauche.*)

SCÈNE VIII

FAUST, *puis* UN COCHER *et* VALENTIN.

FAUST, *remontant vivement.*

Un fiacre!... Il me faut un fiacre, quand je devrais le

traîner ici par les chevaux! Ah! quelle chance!... là-bas!.. j'en aperçois un!... Psitt!... psitt! cocher! oui, vous!... par ici!... Un fiacre dans un jardin!... il n'y a qu'à moi que ces choses-là arrivent! (*Entre un fiacre, attelé, Cocher sur le siége, des malles sur le haut de la voiture.*) Cocher!

LE COCHER.

J' suis chargé!

FAUST.

Allons, bon! Arrête!... Ce n'est que pour une course!...

LE COCHER.

Puisque je vous dis que je suis plein...

FAUST, *arrêtant le cheval par la bride.*

La course ou la vie!...

LE COCHER.

Au secours!...C'est Chopart!... Oh! la diligence de Lyon! A l'assassin!... au voleur!...

FAUST, *agitant des billets de banque.*

Veux-tu te taire, imbécile!... Te voler!... regarde donc ces billets... Un pas et tu rates ta fortune!...

LE COCHER.

Qu'est-ce que c'est que ça?

FAUST.

Vingt mille francs pour une course!

LE COCHER, *dégringolant de son siége.*

Vingt mille francs! Attendez, je vas demander au client... Tiens, il dort... Eh! caporal! (*La glace s'abaisse. — Valentin passe sa tête. — Il est très-bruni de teint.*)

VALENTIN.

Est-ce qu'il a empaillé son cheval, cet oiseau-là?

LE COCHER.

Faites excuse, sergent... Il m'arrive un accident.

VALENTIN.

Ta jument est morte?

LE COCHER.

Si ce n'était que ça!

VALENTIN.

Les roues sont gelées?

LE COCHER.

Si ce n'était que ça!

VALENTIN.

Quoi t'est-ce alors?

LE COCHER.

Figurez-vous, lieutenant, qu'il y là un particulier qui m'offre vingt mille francs si je veux vous descendre.

VALENTIN.

Me descendre, ousque?

LE COCHER.

Ici... et le prendre à votre place.

VALENTIN, *sortant du fiacre.*

Et où est-il ce particulier?

FAUST.

C'est moi, capitaine.

VALENTIN.

Vous!... voulez-vous me faire le plaisir de me regarder entre les cils? Bien!... Veuillez-me dire maintenant si j'ai l'air d'une oie?

FAUST.

D'une oie?... non... cependant, vous êtes jeune et beau...

VALENTIN.

Je ne vous demande pas si je suis joli... je le sais... suffit... Si votre proposition est une plaisanterie... je la trouve drôle.

FAUST.

Et si c'est sérieux?...

VALENTIN.

Alors, je la trouve meilleure... Apprenez que je vais retrouver ma famille... que j'ai donné quarante sols à cet *otez-moi-donc*... pour qu'il me conduise à ce devoir pieux... et qu'il m'y conduira ou que je lui ferai avaler son fouet par le manche... Allons, en route!

LE COCHER.

Attendez... je vais l'attendrir. (*A Valentin.*) Commandant... j'ai une femme et onze enfants...

VALENTIN.

Onze enfants!...

LE COCHER.

Oui... le ciel a béni notre union... au delà de mes désirs...

VALENTIN.

Quand on est assez bête pour avoir onze enfants... on se courbe avec humilité... et on obéit... veux-tu marcher?

FAUST.

Il ne marchera pas!

LE COCHER.

Jamais je ne retrouverai un pourboire comme celui-là... Je ne marcherai pas!...

FAUST.

Arrêtez!... colonel!... êtes-vous galant?

VALENTIN.

Quelquefois... ça dépend de la température...

FAUST.

Eh bien!... il s'agit d'une dame!..

VALENTIN.

Une dame du sesque?

FAUST.

Que j'aime... que j'adore et que j'enlève!

LE COCHER.

Vous voyez bien que c'est une bonne action!

VALENTIN.

Certainement, je... mais c'est que je reviens de la guerre, et ma famille m'attend...

FAUST.

Il va pleuvoir... Général, vous ne voudriez pas laisser mouiller une femme!

LE COCHER.

Une femme mouillée!... on ne sait pas ce que ça pèse!... Tenez, moi... j'avais une bonne amie; eh bien!... un jour, elle est tombée dans un puits artésien...

VALENTIN.

C'est peut-être un bonheur pour elle!

FAUST.

Ah! général!... pas de division! vous avez ri... vous êtes désarmé.

VALENTIN.

Certainement... je ne dis pas... qu'il n'y ait pas des occasions... Je suis ému... (*A Faust, en descendant.*) Allez-vous loin?

FAUST.

Aussi loin que la terre pourra nous porter.

LE COCHER.

Alors, c'est à l'heure?

VALENTIN.

Le militaire... et la galanterie... Vous l'aimez?

FAUST.

Comme un fou.

VALENTIN.

Eh bien!... prenez la boîte.

FAUST.

O merci... maréchal!

LE COCHER.

Sire, merci !... Si jamais vous avez une bonne amie... tout est possible... eh bien!... à l'œil, sire, à l'œil! (*Il va pour monter sur le siége et Faust ouvre la portière.*)

VALENTIN.

Un instant!... Vous me renverrez mes malles à l'hôtel du *Chapon récalcitrant.*

FAUST.

Après-demain... sans faute... parce que demain... vous comprenez.. j'aurai autre chose à faire...

VALENTIN.

Je vous comprends!... Farceur!... Eh bien! où est-ce qu'elle est donc, ta payse?

SCÈNE VII

LES MÊMES, MARGUERITE, TOUT LE MONDE.

FAUST.

La voilà! c'est elle!

VALENTIN.

Ciel ! ma sœur !

MARGUERITE.

Valentin !

FAUST, *qui ne les a pas vus se reconnaître.*

Ah ! Marguerite !... Vite... Monte.

VALENTIN, *se mettant devant la portière.*

Malheureux ! Jamais !

LE COCHER.

Allons ! bon !...

FAUST.

Qu'est-ce qu'il vous prend ?

VALENTIN.

Ce qui me prend !... Tu veux emmener ma sœur en fiacre, et tu me demandes ce qui me prend.

FAUST.

Sa sœur ! alors, c'est donc son frère ! Ah ! comme il est bruni !

VALENTIN.

C'est le soleil de la gloire !... et c'est pour cela que j'ai cédé mon fiacre ! Ah ! malédiction ! ma sœur à la closerie des Vergeiss-mein-nicht !... mais dans quel siècle vivons-nous ! Ah ! s'il le faut, j'irai jusqu'aux pieds du trône, et je lui dirai : Clotaire VIII, tu es un grand roi !... mais il n'y a rien de fait si tu ne chasses pas l'étranger de Mabille !... et il m'écoutera ce monarque puissant, parce que c'est l'honneur d'un soldat qui lui dira ça avec la brusque franchise d'un militaire qui retrouve sa sœur en fiacre et en délire. (*A Faust*). En garde !...

FAUST.

Je ne me bats pas contre le frère de Marguerite... et puis je n'ai pas de témoins...

VALENTIN.

Prends le cocher !

LE COCHER.

Ce sera à l'heure.

FAUST.

Non... je ne me bats pas...

VALENTIN, *à Marguerite.*

Mais dites donc à votre amant, madame, qu'il n'a plus que ça à faire pour qu'on vous méprise moins!!!

MARGUERITE.

A l'aide! au secours!

FAUST.

Il insulte sa sœur! En garde!... en garde!... en garde! et tiens-toi bien.

MÉPHISTO, *survenant.*

Ça va bien!

MARGUERITE.

Ah! (*Elle se trouve mal, on la porte près de la table.*)

SIEBEL.

De l'air...

BRANDER.

Délacez-la.

MARGUERITE, *revenant.*

Non, ne me délacez pas... donnez-moi un peu de punch! Horrible... Est-ce fini?...

SIEBEL.

Non, pas encore... le combat est acharné.

MARGUERITE.

Ah!

FAUST, *bas à Méphisto.*

Il est plus fort que moi. (*Valentin le pousse, il rompt.*)

MARGUERITE.

Ah! il va tuer Faust.

MÉPHISTO, *à un voisin, pendant que le combat recommence.*

Monsieur, connaissez-vous le coup de la tabatière?

ALTMAYER.

Non, monsieur, mais je serais curieux de le connaître.

MÉPHISTO.

C'est bien simple... quand vous en voulez à quelqu'un, vous profitez d'un duel... comme celui-ci... Vous vous approchez poliment et vous lui dites (*il s'approche de Valentin*): Monsieur, en usez-vous?

VALENTIN, *s'arrêtant.*

Volontiers... (*Il prise dans la tabatière, et Faust lui allonge un énorme coup d'épée.*)

MÉPHISTO.

Voilà... le tour est fait. (*Valentin tombe.*)

TOUS.

Ah! bravo!

FINALE.

MARGUERITE.

O ciel! qui donc est tombé là?

LE CHOEUR.

C'est le fils de ta mère.

MARGUERITE.

Oh! la la! oh! la la!

(*Elle se précipite vers Valentin.*)

LE CHOEUR, *entourant Faust.*

C'est un beau coup d'épée
Et donné galamment;
La lame est bien trempée,
Recevez mon compliment.

FAUST, *modestement.*

Oh! le coup est bien simple; il suffit, pour le faire,
D'un ami complaisant et d'une tabatière.

LE CHOEUR.

C'est égal, c'est égal,
Le coup est original.

MARGUERITE.

Oh! Valentin, dis-moi que point tu ne t'en vas!

VALENTIN.

Bah! je te le dirais, tu ne me croirais pas...
Mais écoute-moi, Marguerite...
Je n'ai qu'une minute à te donner, petite.
L'honneur est comme une île escarpée et sans bords,

Quand on n'est plus dedans, c'est qu'on est en dehors.
L'homme est en général un animal bien lâche :
Jeune, il vous court après, et puis, vieille, il vous lâche...
Les amants, vois-tu bien, c'est comme les petits pois...
Quand le premier paraît... tous viennent à la fois...

CHOEUR.

O grandes vérités, préceptes éclatants !
Voile qui se déchire au regard des mourants !

VALENTIN, *parlé.*

Ah ! je ne sais ce que j'éprouve, je crois que c'est le besoin de changer d'air !

Ainsi que tout commence, il faut que tout finisse...
Je m'en vais retrouver monsieur de la Palisse.

(Il éternue et tombe.)

LE CHOEUR.

Ainsi que tout commence, etc.

FAUST, *radieux, sortant du groupe qui entoure Valentin.*

Mais viens donc, viens donc ! Est-ce qu'il ne te reste pas le meurtrier de ton frère? *(Il emmène Marguerite vers le fiacre, l'y fait monter. Méphisto prend place sur le siége. La voiture se met en route. Tout le monde les accompagne en dansant un galop, dans lequel est entraîné Valentin lui-même.*

CHOEUR GÉNÉRAL *sur la danse.*

Partez, partez à l'instant,
Car le fiacre vous attend.

(Ils disparaissent; Valentin, resté seul, revient prendre sa place, s'affaisse de nouveau. — Le Rideau baisse.)

ACTE TROISIÈME

La Chambre virginale.

Au fond, un lit fermé par des rideaux blancs, des bougies roses brûlent dans des torchères. Un fauteuil, un rouet. A gauche, une table, deux couverts.

SCÈNE PREMIÈRE

MARGUERITE, *seule, costume traditionnel de la Marguerite de Gœthe, en blanc.*

CHŒUR *dans la coulisse.*

Séparons-nous,
C'est l'heure fortunée,
C'est l'heure de l'hyménée,
En ce moment si doux,
Laissons les deux époux.

MARGUERITE.

Ni-i-ni, c'est fini. Me voilà presque mariée. — Ça fait un drôle d'effet tout d' même... On a beau dire, ça fait un drôle d'effet. — En attendant le bien-aimé... répétons, pour la lui redire, cette naïve ballade du roi de Thuné... C'est Adolphe... un étudiant, qui me l'a apprise... et même, ce gamin-là a été bien léger, tout à l'heure, au moment de la jarretière!...

I

Écoutez, gens d'Allemagne,
Où Monsieur Wagner est né,
L'histoire d'un roi de Thuné,
Qu'avait reçu d' sa compagne
Un' pair' de bretell's très-chiq',
Qu'était en gomme élastiq'.

II

Il la mit à son haut-d'-chausse,
Et chaq' fois qu'il s'habillait,
A son œil noir scintillait
Une larm' sincère ou fausse,
Qu'était bien l'expression
De sa douce émotion.

(*Faisant tourner le rouet maladroitement.*)

Ah! décidément, j'aime mieux une machine à coudre.

III

Un jour, la bretell' se casse
Dans un brusque mouvement,
Et le roi, subitement,
Laiss' voir à la populace,
C' que j'appell'rai tout bonn'ment
Les s'crets du gouvernement.

IV

Chacun accourt et s'empresse
Auprès d' son individu;
Car jamais on n'avait vu
Un' semblable maladresse.
— Ça le déconsidéra,
— Et l'histoire finit là.

SCÈNE II

FAUST *entre.* MARGUERITE *reprend ses airs penchés et file au rouet avec une certaine rapidité.*

FAUST.

La voilà!... Dieu qu'elle est jolie!... Ce n'est pas une femme... C'est une gravure... Marguerite!...

MARGUERITE.

Faust!

FAUST.

Ah! quand je pense qu'aujourd'hui... nous serons unis ..

et que le soleil ne se couchera pas... sans que... Sais-tu pourquoi je ne voudrais pas être le soleil?

MARGUERITE.

Non.

FAUST.

Elle ne sait pas pourquoi je ne voudrais pas être le soleil! Eh bien! c'est parce qu'il n'a pas de compagne, lui...

MARGUERITE.

Anatole!... (*Se reprenant*) Henri! (*A part.*) Qu'est-ce que je dis donc, moi?

FAUST.

Pourquoi m'appelles-tu Anatole? Ah! c'était une farce.

MARGUERITE.

Oh! oui, Ernest.

FAUST.

Bon! voilà qu'elle m'appelle Ernest.

MARGUERITE.

C'est encore une farce!

FAUST.

Oh! trésor de candeur! que je t'aime!... Ah! tout à l'heure, tu sauras le sacrifice que je viens de faire... pour être digne de toi...

MARGUERITE.

Un sacrifice? un cadeau?... Qu'est-ce que c'est?

FAUST.

Tu verras! tu verras!...

MARGUERITE.

Quel est ce bruit? (*On entend un chant au dehors.*)

FAUST, *à la fenêtre.*

Ah! c'est le chœur des jeunes vierges qui vient, selon l'usage, mettre sous globe ton bouquet de fleurs d'oranger.

MARGUERITE.

Et celui des jeunes garçons qui viennent t'apporter la soupe au vin. Pourvu qu'ils ne lui disent pas de bêtises... Parce que y en a des fois qui sont bavards. Adolphe surtout.

SCÈNE III

LES MÊMES. *Par la gauche*, LE CHŒUR DES JEUNES VIERGES, *portant un globe de pendule sur un coussin blanc. Par la droite*, LE CHŒUR DES JEUNES GARÇONS, *portant une énorme soupière de faïence à fleurs.*

CHŒUR DES JEUNES VIERGES.

Nous venons, jeunes vestales,
Au front pur, au cœur léger,
Cueillir à ton sein les pétales
De la fleur d'oranger.

(*Elles entourent Marguerite et lui ôtent la couronne et le bouquet blanc.*)

MARGUERITE.

Ah! qu'il est doux pour une fille sage
De voir ainsi dégarnir son corsage!

LE CHŒUR DES VIERGES

Nous allons placer sous globe
Ce chaste bouquet d'amour,
Pour que ta fille à sa robe
Puisse le mettre à son tour.

(*Elles le placent sur la cheminée et mettent le globe par-dessus.*)

CHŒUR DES JEUNES GENS, *apportant à Faust une énorme soupière en faïence.*

Nous autres, selon l'usage,
Nous t'apportons ce potage
Qu'on nomme la soupe au vin.
Heureux celui qui la mange!
Elle contient un mélange
De cannelle et puis de thym.

REPRISE ENSEMBLE.

Nous venons, jeunes vestales, etc.

(*Ils déposent la soupière sur la table; pendant ce temps Méphisto, sous les traits d'Adolphe, l'étudiant, sort du groupe et s'avance vers Faust, qu'il amène sur le devant de la scène.*)

FAUST.

(*Parlé.*) Tiens! monsieur Adolphe!

MÉPHISTO.

Permettez-moi de vous offrir le bouquet d'Adolphe.

Les jeunes gens de la ville,
Selon l'usage du cœur,
Viennent te faire à la file
Compliment de ton bonheur.
Marguerite, c'est notoire,
Comprend le bonheur à deux...
Ami, tu peux nous en croire,
Tu seras un homme heureux.

CHOEUR.

Ami, tu peux nous en croire,
Tu seras un homme heureux.

MÉPHISTO.

Sans compter la gentillesse,
Elle possède à souhait
Des qualités de tendresse
Que chacun de nous connait.
Marguerite, c'est notoire,
A le cœur très-généreux...
Ami, tu peux nous en croire,
Tu seras un homme heureux!

CHOEUR.

Ami, tu peux nous en croire, etc.

MÉPHISTO.

Mais ce que je te désigne
Comme un ravissant bijou,
C'est un joli petit signe
Qu'elle a plus bas que le cou.
Sur fond de rose et d'ivoire
C'est d'un effet merveilleux...
Ami, tu peux nous en croire,
Tu seras un homme heureux.

CHOEUR.

Ami, tu peux nous en croire, etc.

FAUST, *très-troublé.*

Mes amis... vous êtes trop bons... ces confidences... ces souhaits... et puis ce signe... je ne sais comment vous dire...

MÉPHISTO.

Ne dis rien, va!... (*Il rit.*) Ah! ah! ah!

FAUST.

Je connais ce rire-là!... (*Courant à Méphisto, qui s'éloigne avec les autres.*) Dites donc... monsieur Adolphe.

MÉPHISTO.

Au revoir... mon ami... au revoir, Faust. (*Il sort.*)

REPRISE DU REFRAIN.

(*Tout le monde sort.*)

SCÈNE IV

FAUST, MARGUERITE.

FAUST.

Un signe... quel signe est-ce?

MARGUERITE, *à part.*

Que le diable emporte cet Adolphe!... effaçons... vite... effaçons. (*Elle lui fait des minauderies.*)

FAUST.

Non, non, on vient de me gâter tout mon plaisir. Marguerite... un mot... Comment cet Adolphe sait-il donc...?

MARGUERITE, *avec tendresse, sans avoir l'air d'entendre.*

Asseyez-vous là... mon ami... à côté de moi... Je veux que vous connaissiez votre Marguerite tout entière...

FAUST.

Je ne demande pas mieux... Mais comment cet Adolphe...?

MARGUERITE.

Faust!

FAUST.

Marguerite?

MARGUERITE.

J'ai un aveu à vous faire.

FAUST.

Un aveu... Il est peut-être un peu tard.

MARGUERITE.

Il n'est jamais trop tard pour les braves... Si on te faisait des cancans sur mon compte... est-ce que tu les croirais? dis?

FAUST.

Jamais!... Cependant Adolphe...

MARGUERITE.

Jure-le...

FAUST.

Je le jure!

MARGUERITE.

Ah! tu le jures! Et pourtant tu aurais tort, peut-être...

FAUST.

Ah! ne jouons pas avec cela, Marguerite! Je suis violent, emporté...

MARGUERITE.

Que ferais-tu?

FAUST, *terrible.*

Je te tuerais!

MARGUERITE.

Ah!!! il m'aime!... Tu vas connaître tout mon passé!... Henri; je crois que j'ai été coupable...

FAUST, *se levant.*

Comment, tu crois?

MARGUERITE.

Assieds-toi donc... puisque je t'aime...

FAUST.

Oui... mais le passé... le petit passé...

MARGUERITE.

Un jour...

FAUST.

Un jour?

MARGUERITE.

C'était en Angleterre... un jeune Russe!

FAUST.

Oh! je n'aime pas cette nation-là...

MARGUERITE.

Oh! si j'avais su, j'en aurais choisi une autre.

FAUST.

On ne sait pas ce que la Russie nous enlève de sympathies... chez les dames... Un jour...

MARGUERITE.

Non, c'était une nuit...

FAUST.

Bigre! c'est plus grave!

MARGUERITE.

Il séduit un de mes domestiques, et pénètre dans la petite mansarde où je dormais avec...

FAUST.

Avec?...

MARGUERITE.

Avec le calme de l'innocence... et il osa...

FAUST.

Mon Dieu! qu'osa-t-il ?... Achève...

MARGUERITE.

Il osa prendre...

FAUST.

Quoi, quoi?...

MARGUERITE.

Ma main.

FAUST.

Ta main... Après?

MARGUERITE.

Et il y déposa...

FAUST.

Quoi... quoi?...

MARGUERITE.

Un baiser!... (*Elle se cache la figure.*)

FAUST, *violent.*

Un baiser!... (*Avec calme.*) Après?

MARGUERITE.

Comment, après... Voilà tout.

FAUST.

Ah ! voilà tout !...

MARGUERITE.

Ce n'est pas assez?

FAUST, *violent.*

Oh! si, si... c'est assez! Mais, sapristi !... ça pouvait être plus !

MARGUERITE.

Vaincu par mes larmes... par mes prières... le boyard s'en alla...

FAUST, *soulagé.*

C'est bien gentil à lui!... Voilà un bon boyard !

MARGUERITE.

Eh bien! aujourd'hui ce baiser... (ma seule faute...) me désespère... me brûle... Vois, juge... et maintenant que je t'ai dit tout mon passé... si ta Marguerite te semble indigne, laisse-moi me retirer dans un cloître.

FAUST, *avec transport.*

Oh! Marguerite... j'ai connu des femmes qui étaient vertueuses... pas beaucoup... mais j'en ai connu... Eh bien ! auprès de toi... c'était bien peu de chose... Marguerite... tu es un ange... et je t'aime!...

MARGUERITE, *à part.*

Voilà!... Maintenant il ne pense plus à Adolphe! (*Haut.*) Tu m'absous, dis?

FAUST.

Si je t'absous!... tiens... tu vas voir si je t'absous... (*Il souffle les bougies.*)

MARGUERITE, *l'arrêtant à la dernière.*

Attends!... oh ! attends, laisse-moi aller me recueillir... Je vais prier... causer avec la photographie de ma mère... Au revoir, Henri... (*Elle se dirige vers la porte de droite.*) Tu sais que tu m'as promis une petite surprise!

FAUST.

Et toi aussi...

MARGUERITE.

Oh ! oui, va... je crois que nous serons bien surpris tous les deux. (*Elle lui envoie des baisers et entre à droite.*)

SCÈNE V

FAUST, *seul, puis l'Ombre de* VALENTIN, *puis* MARGUERITE.

FAUST.

O joie... ô ivresse... nous allons vivre dans la tranquillité... dans la naïveté... Enfoncé Méphisto; tes richesses, tes trésors... reprends-les... je ne veux que Marguerite... mon ange bien-aimé... viens!... oh! viens. (*Il souffle la dernière bougie; obscurité profonde.*) Elle est là... elle se recueille... préparons tout pour la recevoir... (*Il se cogne dans un fauteuil. On entend un profond gémissement.*) Qu'est-ce que c'est que ça?... (*Il se dirige vers la porte. Second gémissement.*) Est-ce qu'il y a quelqu'un là?... (*Une lumière électrique vient frapper sur le fauteuil et éclaire l'ombre de Valentin assis, et étendant les bras vers Faust.*) Valentin!!!...

VALENTIN.

Assassin!...

FAUST.

Banco! permettez... le duel était loyal...

VALENTIN.

Et la tabatière?

FAUST.

La tabatière! elle n'était pas à moi... c'était celle du démon qui... Et d'ailleurs, nous en étions aux prises... (*Rire strident dans la coulisse.*) Encore ce rire! (*Il se retourne; l'Ombre a disparu.*) Il est parti!... c'était un effet de mon imagination... C'est un vilain effet pour une nuit de noce... n'y pensons plus... (*Ils se dirige vers la droite.*) Elle se recueille... (*Il frappe.*) Marguerite, c'est moi... ton petit Faust...

SCÈNE VI

FAUST, MARGUERITE, VALENTIN.

MARGUERITE *entre avec une bougie.*

MARGUERITE.

Faust... que se passe-t-il?... comme tu es pâle!

FAUST.

Il est là... là... là... je le trouverai !...

MARGUERITE.

Qui ?

FAUST.

Qui ? ton... (*A part.*) Ne l'effrayons pas. (*Haut.*) Rien.. C'est le plaisir.

MARGUERITE.

Veux-tu prendre quelque chose... la soupe au vin... le potage des époux ?...

FAUST.

Oui... la soupe des époux... Donne-moi la cuiller... merci... Mais ça ne m'empèche pas de t'aimer... Oh ! non ! (*Marguerite découvre la soupière, d'où l'on voit sortir la tête de Valentin sous un rayon de lumière électrique.*) Ah !

MARGUERITE.

Quoi ?

FAUST.

Là !...

VALENTIN, *dans la soupière.*

Quand un militaire
Y s' trouv' dans une soupière.
Faut qu'y ait bien à faire...

MARGUERITE *et* FAUST, *tremblants.*

Qu'est-ce qu'il vient y faire ?

VALENTIN.

J' vous dis qu' c'est une affaire.

MARGUERITE *et* FAUST.

Mais quelle est cette affaire ?

VALENTIN, *terrible.*

Une affaire à réglère...

MARGUERITE *et* FAUST.

Comme il est en colère !

VALENTIN, *parlé.*

Oui... je suis en colère... c'est qu'il faut des événements bien graves
Pour qu'un brav' militaire
Sort' de son caractère... et du fond d'un' soupière !

(*Descendant.*) Malheureuse enfant, sais-tu de qui cet homme tient sa fortune?

MARGUERITE.

Non...

VALENTIN.

Du diable!...

MARGUERITE.

Eh bien ! après?

FAUST.

Ne l'écoute pas!... ce matin... pas plus tard que ce matin... pour être digne de toi... je me suis dépouillé de tout... je n'ai plus rien... rien!...

MARGUERITE.

Hein?...

FAUST.

C'était la surprise que je t'avais...

MARGUERITE.

Ah! c'était là... alors... tu es donc ruiné ?

FAUST.

De fond en comble!...

MARGUERITE, *s'éloignant de lui brusquement et se jetant dans les bras de Valentin.*

Et il a tué mon frère!...

FAUST.

Marguerite, que dis-tu?

VALENTIN.

Assassin!

MARGUERITE.

Je dis... je dis...

TRIO.

MARGUERITE.

Pour les beaux yeux d'un rêveur
Je travaille la candeur :

J'inaugure, pour lui plaire,
Une seconde manière.
Et quand, par ce noble effort,
Je crois m'être fait un sort,
Il n'est plus même à son aise!...
Elle est mauvaise!

FAUST.

De l'affreuse vérité
Je me sens épouvanté.
Tu ne m'aimais donc, ma biche,
Que parce que j'étais riche?
Quand tu parlais de bonheur,
D'une chaumière et d'un cœur,
Ça n'était donc que fadaise?
Elle est mauvaise.

VALENTIN.

Elle est mauvaise

MARGUERITE *à Valentin.*

Mon frère, emmène-moi... partons... je veux partir!...

VALENTIN.

Je crois que dans son cœur entre le repentir!

FAUST, *à Marguerite.*

La foi de tes serments!...

MARGUERITE.

Tu t'en ferais mourir!

VALENTIN, *ému.*

Ah! c'est l'accent de l'innocence,
Je reconnais son éloquence...
C'est bien la voix de la vertu!
Ma sœur est retrouvée!
Sauvée! Elle est sauvée!...

(*Il embrasse Marguerite.*)

FAUST.

Perdu! je suis perdu!

REPRISE.

MARGUERITE.

Pour les beaux yeux d'un rêveur, etc.

FAUST.

De l'affreuse vérité, etc.

VALENTIN.

C'est l'accent de la vérité, etc.

FAUST, *après l'ensemble.*

Marguerite! Marguerite! Ah! je saurai bien te retrouver!

(Valentin entraîne Marguerite par la gauche. Faust, éperdu, veut les poursuivre. Il rencontre la table, veut l'escalader et disparaît dans la soupière. Le décor change.)

QUATRIÈME TABLEAU

La Nuit de Va-te-Purgis.

LE PALAIS DU DIABLE.

SCÈNE PREMIÈRE

MÉPHISTO, LES PÉCHÉS CAPITAUX, LES FILLES D'ENFER.

Au lever du rideau, Méphisto, un ange du mal, debout sur un roc. Autour de lui dansent les Péchés capitaux avec les Filles d'enfer

MÉPHISTO.

I

Riez, chantez, ô cher troupeau maudit,
Maître Satan vous ouvre sa demeure,
Quand vous chantez, il sait que l'on gémit;
Quand vous riez, il se dit : Quelqu'un pleure.
C'est moi qui donne le signal,
Démons, tournez dans une ivresse folle!
Place à la farandole!
C'est Méphisto qui conduit le bal!

REPRISE EN CHOEUR.

C'est lui qui donne le signal,
Démons, tournez dans une ivresse folle!
Etc.

MÉPHISTO.

II

Riez, chantez; un jour tout finira!
Au train que va la vertu sur la terre,
Le temps est proche où Satan vous dira :
Reposez-vous, — je n'ai plus rien à faire.

REPRISE.

C'est moi, etc.

(Reprise de la ronde. — Coup de tam-tam.)

MÉPHISTO. *(Parlé.)*

A moi, Faust et Marguerite ! *(Ils apparaissent, sortant du rocher sur lequel était Méphisto, et qui s'entr'ouvre.*

SCENE II

LES MÊMES, FAUST, MARGUERITE, *puis* VALENTIN.

FAUST.

Je l'ai repincée !

MARGUERITE.

Valentin !... tu me lâches !

VALENTIN, *avec des ailes, sortant de la coulisse et s'envolant.*

Il est le plus fort !

MÉPHISTO, *à Faust et à Marguerite.*

Rivés l'un à l'autre, vous danserez pendant l'éternité.

FAUST *et* MARGUERITE.

Ah! le châtiment!!!

(Reprise de la ronde à laquelle ils se mêlent au milieu des feux. — Le rideau baisse.)

FIN.

2188. — Paris. — Typographie Morris Père et Fils, rue Amelot, 64.

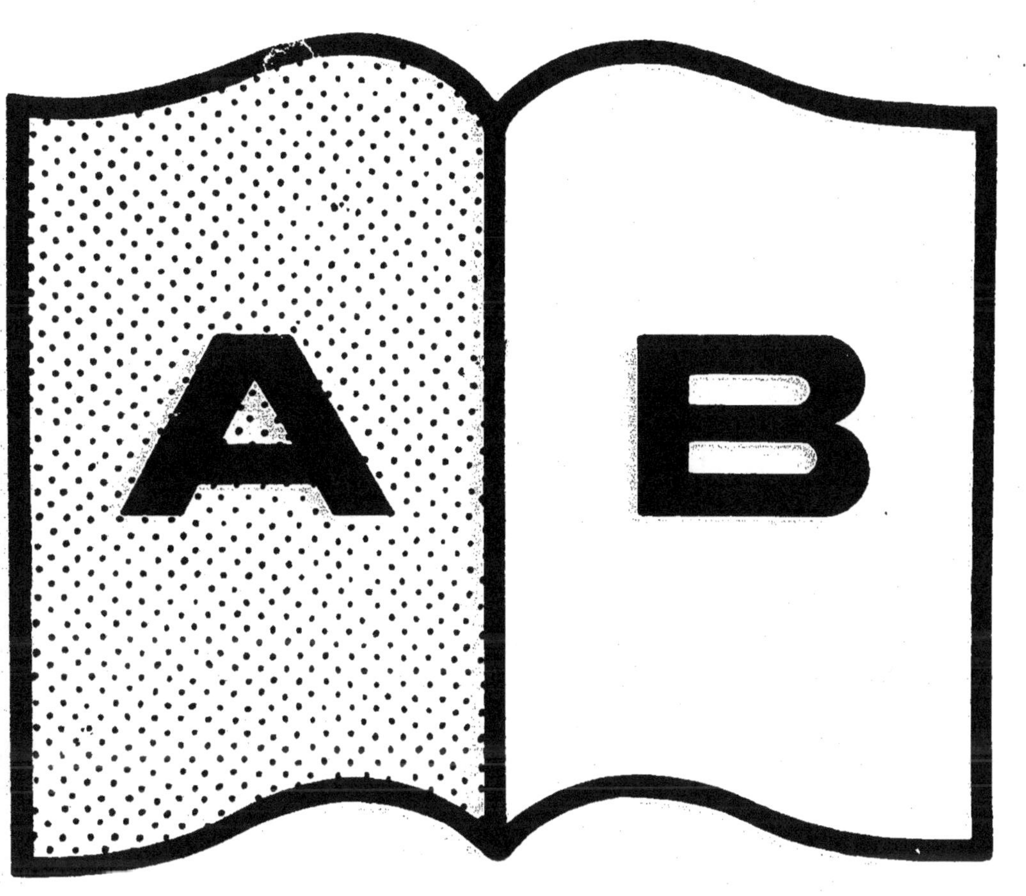

Contraste insuffisant

NF Z 43-120-14

www.ingramcontent.com/pod-product-compliance
Lightning Source LLC
LaVergne TN
LVHW010620110826
845149LV00003B/987

* 9 7 8 2 0 1 2 7 2 9 2 2 3 *